# BEI GRIN MACHT SICH IHR WISSEN BEZAHLT

- Wir veröffentlichen Ihre Hausarbeit,
  Bachelor- und Masterarbeit

- Ihr eigenes eBook und Buch -
  weltweit in allen wichtigen Shops

- Verdienen Sie an jedem Verkauf

Jetzt bei www.GRIN.com hochladen
und kostenlos publizieren

**Islam Qerimi, Mejreme Qerimi (Berisha)**

# Praktisches Beispiel aus der Familienmediation

GRIN Verlag

**Bibliografische Information der Deutschen Nationalbibliothek:**

Die Deutsche Bibliothek verzeichnet diese Publikation in der Deutschen National-
bibliografie; detaillierte bibliografische Daten sind im Internet über http://dnb.d-
nb.de/ abrufbar.

**Impressum:**

Copyright © 2012 GRIN Verlag GmbH
Druck und Bindung: Books on Demand GmbH, Norderstedt Germany
ISBN: 978-3-656-14624-7

**Dieses Buch bei GRIN:**

http://www.grin.com/de/e-book/190038/praktisches-beispiel-aus-der-familienmedia-
tion

**GRIN - Your knowledge has value**

Der GRIN Verlag publiziert seit 1998 wissenschaftliche Arbeiten von Studenten, Hochschullehrern und anderen Akademikern als eBook und gedrucktes Buch. Die Verlagswebsite www.grin.com ist die ideale Plattform zur Veröffentlichung von Hausarbeiten, Abschlussarbeiten, wissenschaftlichen Aufsätzen, Dissertationen und Fachbüchern.

**Besuchen Sie uns im Internet:**

http://www.grin.com/

http://www.facebook.com/grincom

http://www.twitter.com/grin_com

**Lohmarer Institut für Weiterbildung e.V.**
**Donrather Str. 44, 53797 Lohmar**
**Tel.: 02246/302999-10, Fax.: 02246/302999-19**
**E-Mail:** evinfo@liw.de
**Internet: http:\\www.liw-ev.de**

# Praktisches Beispiel aus der Familienmediation

**Fallbearbeiter:**
**Mejreme Qerimi (Berisha) / Islam Qerimi**

März 2012, Köln Rösrath

# Inhaltsverzeichnis:

**1.** **Definition der Familienmediation** (bei Beziehungs- und Trennungsproblemen)

Familienmediation wird definiert als:

- *"ein außergerichtliches Vermittlungsangebot bei Trennungs- und Scheidungskonflikten und anderen familiären Auseinandersetzungen;*
- *eine Hilfe zur eigenverantwortlichen Regelung der Trennungs- und Scheidungsfolgen mit Hilfe eines neutralen Mediators;*
- *ein freiwilliger Prozess der Kooperation, in den die Konfliktpartner nur aus eigenem freien Entschluss einwilligen können;*
- *ein vertraulicher Prozess des Verhandelns, der nur mit gemeinsamen, von beiden als fair empfundenen Lösungen enden kann;*
- *eine Möglichkeit, die jeweils unterschiedlichen Interessen und Bedürfnisse gleichberechtigt einzubringen, gegenseitig kennen und verstehen zu lernen und über den Weg des persönlichen Verhandelns einen für alle fairen Ausgleich zu erarbeiten;*
- *ein Versuch, auch in Zeiten schwerster Konflikte und Streitigkeiten mit Selbstachtung, Würde und gegenseitigem Respekt einen persönlichen Lösungsweg aus der Trennungs- und Scheidungskrise zu finden;*
- *ein Weg der Klärung, Abgrenzung und Neugestaltung familiärer Beziehungen und finanzieller Rahmenbedingungen, bei dem die Mediatorinnen Ihre Wegbegleiter und nicht Ihre Richter, Gutachter oder Anwälte sind."* [1].

**2.** **Gesetzliche Rahmenbedingungen der Mediation**

Nach der Richtlinie 2008/52/EG des Europäischen Parlaments und des Rates vom 21. Mai 2008 über bestimmte Aspekte der Mediation in Zivil- und Handelssachen[2] – Europäische Mediationsrichtlinie (Mediations-RL) – bis zum 20. Mai 2011 musste in deutsches Recht umgesetzt werden. Auf Grund dessen wurden gem. Artikel 1 des Mediationsgesetzes (MediationsG[3]) im § 1 seine Begriffsbestimmungen festgestellt: (1) *Mediation ist ein vertrauliches und strukturiertes Verfahren, bei dem Parteien mit Hilfe eines oder mehrerer Mediatoren freiwillig und eigenverantwortlich eine ein- vernehmliche Beilegung ihres Konflikts anstreben. Die Mediation kann durchgeführt werden:*
*1. unabhängig von einem Gerichtsverfahren (außergerichtliche Mediation),*
*2. während eines Gerichtsverfahrens außerhalb des Gerichts (gerichtsnahe Mediation)* oder

---

[1] Zitiert von: PRAXISFÜHRER FAMILIENMEDIATION BAFM Rechtsanwältin Rita Brockmann-Wiese/Rechtsanwältin Ulrike Donat/Rechtsanwältin Regina Harms/Leiterin der ÖRA Monika Hartges. Siehe: URL: http://www.steinberg-mediation-hannover.de/Mediation_Arbeitshilfen /BAFM_ praxisfuehrer_Familienmedition.pdf [Stand:20.01.2012].
[2] Amtsblatt Nr. L 136 vom 24/05/2008 S. 0003 – 0008- Richtlinie 2008/52/EG des Europäischen Parlaments und des Rates. vom 21. Mai 2008.
[3] Aktueller Stand des Gesetzes im Gesetzgebungsverfahrens Mediationsgesetz inkl. der Änderungen des Rechtsausschusses vom 30.11.2011. Diese Fassung wurde am 15.12.2011 einstimmig vom Deutschen Bundestag verabschiedet.

*3. während eines Gerichtsverfahrens von einem nicht entscheidungsbefugten Richter (gerichtsinterne Mediation).*

Eine andere Grundlage dieser folgenden stattgefundenen Mediation war auch das *Gesetz über das Verfahren in Familiensachen und in Angelegenheiten der freiwilligen Gerichtsbarkeit (FamFG), welches am 1. September 2009 in Deutschland Kraft getreten ist[4].* Mit diesem Gesetz sollte auf die besonderen Anforderungen an eine sensible Verfahrensgestaltung bei Vorliegen häuslicher Gewalt hingewiesen werden.

Weist man, dass meistens bei häuslicher Gewalt in der Regel ein Macht-Ohnmacht-Verhältnis vorliegt, das es den Partnern nicht ermöglicht, sich auf einer Ebene zu begegnen. Deshalb sieht § 135 Abs. 1 FamFG vor, dass das Familiengericht zur Förderung außergerichtlicher Streitbeilegung über Folgesachen *„anordnen kann, dass die Ehegatten einzeln oder gemeinsam an einem kostenfreien Informationsgespräch über Mediation [...] teilnehmen.".* d.h. Gemäß § 135 Abs. 2 FamFG soll das Familiengericht *„in geeigneten Fällen den Ehegatten eine außergerichtliche Streitbeilegung anhängiger Folgesachen vorschlagen".*

- **Rahmenbedingungen der Mediation**

- Ich[5] habe mich nach dem § 1.2 Ernennung des EUROPÄISCHEN VERHALTENSCODEX FÜR MEDIATOREN[6] bezogen, in welchem die geeigneten Termine mit den Parteien für das Mediationsverfahren vereinbart wurden. Aus familiären Gründen und um eine gewisse Neutralität zu dokumentieren fand dieses Verfahren an einem neutralen Ort in Bochum statt, an dem keiner der Beteiligten zu Hause ist. Ich als Mediator wohne in Bochum. Die Sitzungen fanden en Bloc an fünf Tagen statt, insgesamt mediierte ich 14 Stunden.
- Nach der Vereinbarung der Parteien wurden 5 Sitzungstermine in der Zeitperiode von einem Monat (17. Januar – 17. Februar 2012) festgelegt.
- Die erste Sitzung am 19.01.2012 um 10.00 – 12.00 Uhr;
- Die zweite Sitzung am 23.01 um 12.00 – 15.00 Uhr;
- Die dritte Sitzung am 03.02 um 9.00 – 12.00 Uhr;
- Die vierte Sitzung am 10.02. um 18.00 – 20.00, und
- Die fünfte Sitzung am 17.02. um 10.00 – 12.00.

- **Die Mediation fand** in meiner Wohnung (neutraler Ort) statt.

---

[4] BGBl. I S. 2586, 2587 ff.) Inkrafttreten: 1 September 2009. Letzte Änderung durch Art. 2 Abs. 32 G vom 22. Dezember 2011 (BGBl. I S. 3044, 3048). Inkrafttreten der letzten Änderung 1. April 2012 (Art. 6 Abs. 1 G vom 22. Dezember 2011).
[5] Der Begriff „Ich" bezeichnet beide Autoren dieser Arbeit gleichzeitig.
[6] European code of conduct on mediation 2 July 2004 in Brussels. Siehe: http://ec.europa.eu/civiljustice/adr/adr_ec_code_conduct_en.htm [Stand: 01.02.2012]. Deutsche Version, abgedruckt in ZKM 4/2004, S.48; Mediationsreport 8/2004, S. 3.

- **Die Mediation ist auf Initiative der Frau Müller entstanden.** Die Mediation wurde am Anfang als telefonische »Shuttle-Mediation« vorbereitet: 2 Anrufe mit den jeweiligen Parteien.

### 3. Die wichtigsten Faktoren die diese Mediation begünstigt haben, waren:

- Nach langjährigem (7 Jahre) Zusammenleben der Parteien in der Ehe, und zwei geborenen Kindern und ihren Wünschen nach Meidung der Ehescheidung.
- Ich bin mit ähnlichen Fällen aufgrund der Tatsache, dass ich im Lohmarer Institut für Weiterbildung e.V., erfolgreich diesen Kurs besuche, vertraut. Sowie Erfahrungen in meinem rechtswissenschaftlichen Studium gemacht habe.
- Dadurch habe ich zahlreiche Erfahrungen mit den Konflikten und Streitigkeiten zwischen Ehepartnern bzw. angewendeter Hausgewalt während meiner theoretischen und empirischen Forschungen aus diesem Rechtsgebiet gesammelt.
- Seit meinem Absolvieren des rechtswissenschaftlichen Studiums bin ich bestrebt immer außergerichtlichen Konflikts Beilegungen anzuregen. Denn ich analysiere die Trennungsursachen der Ehepartner und die Möglichkeiten des Bestandes ihrer Ehe. Meistens ist das Gericht (Richter/in) nicht auf ihre Gefühle und Bedürfnisse eingegangen, sondern es hatte nur das abstrakte Gesetzt angewendet.
- Die Parteien wussten über meine Teilnahme an vielen erfolgreichen Versöhnungen in der Umgebung Bescheid.

### 4. Beilegung von Familienproblemen und die Fortsetzung der Partnerschaft

In diesem Beilegungsfall ging es besonders um das „Wohl der Kinder", denn gem. § 1 Abs. 3 Satz 4 des KJHG[7] wird der Beitrag zur Erhaltung und Schaffung positiver Lebensbedingungen für Kinder und Jugendliche und einer kinderfreundlichen Umgebung als zentrale Aufgabe angewiesen. Darüber hinaus habe ich mich auf dem Artikel 6 des Grundgesetzes der Bundesrepublik Deutschland (Ehe und Familie, nichteheliche Kinder) unterstützt. Nach dem Artikel 6 Satz 2 wird gesagt, dass Pflege und Erziehung der Kinder das natürliche Recht der Eltern und die zu förderst ihnen obliegende Pflicht sind. Über ihre Betätigung wacht die staatliche Gemeinschaft.

---

[7] KJHG - Kinder- und Jugendhilfegesetz Artikel I des Kinder- und Jugendhilfegesetzes vom 26. Juni 1990 (BGBl. I S. 1163), i.d.F.d Bekanntmachung vom 15. März 1996 (BGBl.I S. 477), zuletzt geändert durch Art. 1 des Gesetzes zur Weiterentwicklung der Kinder- und Jugendhilfe (Kinder- und Jugendhilfeweiterentwicklungs-gesetz KICK) vom 8. September 2005 (BGBl.I S. 2729).

## 5. Konfliktthema:

Eva Müller und Fritz Müller sind seit 7 Jahren verheiratet. Sie haben 2 Kinder. Während sich die Frau Müller daheim um die Kinder kümmerte, arbeitete Herr Müller als Lehrer in einer Grundschule. Seine Arbeitszeit war in der Zeit von 08.00 – 14.00 Uhr festgelegt. Seit einigen Monaten hatte die Frau Müller bei ihrem Mann festgestellt, dass er sie und die Kinder vernachlässigt. Außerdem kam er meistens später nach Hause, als üblich. Als sie ihn zur Rede stellte, antwortete er ihr mit der folgenden Aussage: *„Ich habe viel zu viel am Arbeitsplatz zu tun"*. **Nachdem** sie ein Telefongespräch zwischen ihrem Mann und einer unbekannten Frau abhörte wurde die Frau Müller misstrauisch. Während dieses Telefongespräches hörte die Frau Müller, dass ihr Mann zu der unbekannten Frau sagte, dass er nicht so schnell darüber entscheiden kann, da er Vater von 2 Kindern ist, und er wüsste nicht genau wie die Kinder und seine Frau sich damit abfinden würden. Daraufhin ließ die Frau Müller einen Privatdetektiv engagieren, der sich mit dem Fall ihres Mannes beschäftigen soll, um herauszufinden, ob ihr Mann mit dieser Frau ein Liebesverhältnis hat. Nach einigen Tagen sah der Detektiv den Herrn Müller zusammen mit der Frau X und einem kleinen Kind im Stadtpark spazieren gehen. Darüber hinaus beobachtete der Detektiv, dass Herr Müller mit dieser Frau in ein Restaurant ging. Bei diesem Treffen zwischen Herrn Müller und der Frau X wurden einige Fotos vom Detektiv gemacht. Nach diesen vorhandenen Fotos, Detektivberichten etc. die vorgelegt wurden, fragte die Frau Müller ihren Mann, ob mit ihm alles in Ordnung wäre. Er antwortete darauf, dass bei ihm alles in Ordnung ist, und sie sollte sich keine Sorgen um ihn machen, da er sie über alles liebt.

## 6. Gesprächsschritte der Mediation

Nach dem zentralen Grundsatz der Mediation konnten sich die Parteien hinreichend vergewissern, dass ich die Voraussetzungen für die Mediationsaufgabe erfülle und dass meine Kompetenz angemessen ist. Bevor ich die Ernennung angenommen habe, stellte ich den Parteien auf ihren Antrag Informationen zu meinem Hintergrund und meinen Erfahrungen zur Verfügung.

### 6.1. Kontaktaufnahme

Dieser Mediationsprozess wurde nach der Initiative der Frau Eva Müller herbeigerufen. Sie bat mich telefonisch darum ein Mediationsverfahren durchzuführen, damit die verschlechterte Beziehungen zwischen ihr und ihrem Mann Fritz Müller sich verbessern würde. Sie erklärte mir in kürzester Form worin es bei diesem Ehekonflikt geht. Ich bat sie darum, sich mit ihrem Mann an einen Tisch zusammenzusetzen, um eine einvernehmliche Konfliktlösung mit ihm zu erreichen. Sie erzählte, dass sie in der letzten Zeit nicht mehr in der Lage sind miteinander zu kommunizieren, ohne sich dabei zu beschimpfen. Nach meiner Bereitstellung der Führung dieser Mediation habe ich mich entschieden den Herrn Müller darüber zu informieren, und fragte ihn, ob er auch für ein Mediationsverfahren bereit wäre.

Ich rief ihn bei seiner Arbeitsstelle an. Er war zuerst überrascht über eine solche Initiative seiner Frau, jedoch akzeptierte er es ein Mediationsverfahren durchführen zu lassen.

## 6.2. Mediationsphasen

Es gibt viele der Autoren, die 5 Phasen der Mediation zählen[8], jedoch habe ich mich bei dieser folgenden Mediation an 6 Phasen der Mediation eingegangen, und diese erfolgte nach dieser Reichenfolge[9]:

**Phase 1**
> Vorbereitung – Einführung und Auftragserteilung- Eröffnungstreffen

**Phase 2**
> Die Informations-und Themensammlung

**Phase 3**
> Die Interessenklärung

**Phase 4**
> Die kreative Ideensuche/Bildung von Optionen auf der Grundlage der Interessen

**Phase 5**
> Die Bewertung und Auswahl der Optionen auf der Grundlage der Interessen als Schritt der Einigung auf eine Regelung oder Lösung

**Phase 6**
> Abschluss einer Vereinbarung als Dokumentation des Ergebnisses – Die Umsetzung der Vereinbarung

> ➢ **Phase 1**
> **Die erste Sitzung fand am 19.01.2012 um 10.00 – 12.00 Uhr statt;**

- Vorbereitung – Einführung und Auftragserteilung – in dieser Phase des ersten Kontaktes werden die Grundregeln der Verhandlungsprozedur und die Entscheidungsverfahren besprochen. Es wurden die fünf Prinzipien der Mediation: Offenheit und Informiertheit, Vertraulichkeit, die Rolle des Rechts in der Mediation, Vorrang der Mediation vor anderen Konfliktlösungsmethoden, Neutralität/Allparteilichkeit der Mediatorin erläutert. Darüber hinaus wird hierbei über das zu erwartende Verhalten von den Teilnehmern, gesprochen.
- Als wichtigste Grundregeln wurden vorgesehen[10]:
- Die Teilnehmer dürfen Ideen nicht voreilig bewerten.

---

[8] Redlich, Alexander: Konfliktmoderation – Handlungsstrategien für alle, die mit Gruppen arbeiten. Mit vier Fallbeispielen. 6. Aufl., Windmühle Verlag, Hamburg 2004; Trenczek, T.: Leitfaden zur Konfliktmediation; ZKM 2005, S. 193 ff.
[9] Gerhard G. Hösl: Mediation. Die erfolgreiche Konfliktlösung – Grundlagen und praktische Anwendung, München 2002.
[10] Gerhard Altmann, Heinrich Fiebiger, Rolf Müller: Mediation: Konfliktmanagement für moderne Unternehmen, 3. Aufl., Weinheim und Basel, 1999, S. 108.

- Die Teilnehmer müssen sich gegenseitig als Partner betrachten und ihre Stellung außerhalb des Meetings beiseitelegen.
- Der Beitrag eines jeden hat gleichen Wert.
- Unterbrechungen eines Redners sind nicht erlaubt
- Ausbrüche von Emotionen und jegliche Arte des persönlichenen Angriffes sind nicht erlaubt.

Gem. § 3 *EUROPÄISCHER VERHALTENSCODEX FÜR MEDIATOREN* Mediations-vereinbarung, Verfahren, Mediationsregelung und Vergütung 3.1 **Verfahren** wurde die Mediationsvereinbarung auf Antrag der Parteien schriftlich niedergelegt.

Nachdem sie einig waren eine Mediation durchzuführen, besprach ich mit den Parteien den Mediationsvertrag und die Einzelheiten der Honorarvereinbarung mit der Einverständniserklärung der Konfliktbeteiligten.

**Mediationsvertrag**

Zwischen

Frau Eva Müller, Post Str. 10, Herne,

Herr Fritz Müller, Post Str. 10, Herne

- Teilnehmer-

und

- Mejreme Qerimi / Islam Qerimi (Mediatoren)

Bei diesem Mediationsvertrag wurden die Vertragsparteien darüber einig, dass eine Mediation durchgeführt werden soll. Im weiteren Verlauf des Mediationsvertrages hatte ich die Parteien über die Merkmale der Mediation und deren Leitbilder, sowie über den Ablauf eines Mediationsverfahrens in sechs Phasen und über meine Rolle als Klärungshelfer, der ich das Verfahren steure, informiert. Darüber hinaus habe ich die Parteien aufgefordert, die besprochenen Spielregeln einzuhalten, wie z.B. Unterlassung von persönlichen Beleidigungen oder Ausreden lassen. Außerdem habe ich die Parteien darauf hingewiesen, dass sie von Rechtsanwälten oder anderen vertrauten Personen begleitet werden können. Die Parteien wurden darauf hingewiesen, dass sie während dieser Mediation jeglichen gerichtlichen Schritt vermeiden sollen, außer dem Schritt der für eine Fristwahrung von Bedeutung ist. Wenn es dennoch dazu kommen sollte, so müssen sie dem Mediator eine sofortige Mitteilung geben. Zum Abschluss dieser Phase habe ich die Parteien auf die geführten Gespräche während dieser Mediation hingewiesen, und dass sie als strengstens vertraulich abgehandelt werden müssen. Darüber hinaus hab ich sie auch darüber informiert, dass sie anerkennen sollen, dass es unmöglich sein wird den Mediatoren als Zeugen vor Gericht zu rufen. Am Ende mussten die Parteien mit einer Honorarvereinbarung über das Honorar des Mediators einigen und die auf sie zukommenden Kosten übernehmen würden. Es wurde eine Pauschale für diesen Fall bezahlt, und kein Stundensatz vorgesehen.

**Die zweite Sitzung am 23.01. um 12.00 – 15.00 Uhr**

Die Informations-und Themensammlung

Es wurden zuerst die Parteien gebeten ihre Sicht der Dinge zu erläutern, und einen Informationsausgleich beider Seiten zu schaffen.

Frau Müller hatte angefangen diesen Konflikt auszuschildern: *"Ich habe es satt, dass jedes Mal, wenn ich nach 22 Uhr meinen noch Ehemann sehe, wie er nach Haus kommt, und wenn ich ihn frage warum du so spät nach Hause kommst, er antwortet: er hätte einige Termine wahrnehmen müssen, und deshalb sollte ich mich nicht in seine Angelegenheiten einmischen. Als er mir weiterhin keine Antwort auf meine Fragen gab, und als ich sah, dass er etwas verheimlichte und ich nicht mehr etwas dagegen tun konnte, entschied ich mich einen Privatdetektiv zu engagieren. Als er mir erzählte, dass mein Ehemann oft im Krankenhaus aufhielt, dachte ich dass er krank ist. Aber, als der Privatdetektiv mir auch die Fotos von meinem Mann und dieser fremden Frau brachte, sah ich rot. Aufgrund dessen habe ich mich entschieden diese Situation, die für mich unerträglich ist, hier zu besprechen."*

Nach dieser kurzen Schilderung von Frau Müller, habe ich ihre Sichtweise mit diesen Worten paraphrasiert[11]: Wenn ich Sie richtig verstanden habe, geht es bei Ihnen um ihren Mann, der sich in der letzten Zeit Ihnen gegenüber anders verhält. Darüber hinaus hatten Sie sich einen Detektiv engagiert, damit Sie über die Hintergründe für sein verändertes Verhalten Bescheid wissen. Nachdem Sie die Beweisfotos des Detektiven bekommen haben, wollen Sie eine Erklärung von ihrem Mann.

Frau Müller antwortete:„ Ja, es ist richtig. Er ist mir fremd geworden. Ich möchte wissen, was für ein Verhältnis er zu dieser Frau hat.".

Danach wendete ich mich dem Herrn Müller zu. Sie haben Ihre Frau gehört, was sagen sie dazu?

Darauf antwortete Herr Müller: *"Ich habe mich um meine Familie bisher sehr gut gekümmert. Es ist wahr, dass ich sie in der letzten Zeit vernachlässigt habe. Ich kann meine Frau sehr gut verstehen. Ich wollte ihr seit einiger Zeit erzählen, worum es geht, aber ich hatte Angst sie würde mich nicht verstehen können. Ich wollte meine Frau und meine Kinder nicht verlieren. Erst vor drei Monaten erfuhr ich, dass ich Vater von noch einem weiteren Kind bin. Bevor ich meine Frau kennenlerne hatte ich eine kurze Beziehung mit einer Krankenschwester. Unser Verhältnis dauerte sechs Monate. Wir sind friedlich auseinander gegangen, denn wir sahen, dass wir andere Lebensansichten hatten. Vor drei Monaten rief mich meine ex-Freundin an, und darüber war ich sehr überrascht, denn sie sagte sie müsste mit mir reden. Nach meinem Treffen mit ihr, erzählte sie mir dass wir ein gemeinsames Kind haben. Ich*

---

[11] Mit dem Begriff: »Paraphrasieren« wird verstanden: *"das, was der andere gesagt hat, in überwiegend eigenen, die Situation entspannenden Worten und auf das Wesentliche verkürzt, aber inhaltlich unverfälscht zu wiederholen"* zit. Nach: Hösl, G. Gerhard, Mediation- die erfolgreiche Konfliktlösung – Grundlagen und praktische Anwendung, München, 2002, S. 104.

*glaubte ihr nicht davon, deswegen ließ ich einen Vaterschaftstest machen. Nach dem Bericht des Instituts war ich tatsächlich der Vater dieses Kindes. Als ich sie zur Rede stellte warum sie mich nicht rechtzeitig informierte, sagte sie: „ich habe gesehen, dass du eine neue Beziehung hattest und wollte diese nicht zerstören. Ausserdem wollte ich immer ein Kind selbst erziehen". Der Grund warum sie mich suchte um mir es zu sagen, war die Krankheit des Kindes. Er leidet an Leukämie, und deshalb brauchte sie mich.*

Ich habe die Schilderung vom Herrn Müller so paraphrasiert: Wie ich Sie verstanden habe, geht es bei Ihnen Herr Müller darum, dass Sie Angst hatten Ihre Beziehung zu zerstören in dem Sie die Wahrheit über das außereheliche Kind sagen würden.

Der Herr Müller antwortete wie folgt: Ja Sie haben Recht. Ich habe Angst gehabt, schließlich sind wir eine glückliche Familie. Ich wollte dies nicht aufs Spiel setzen. Außerdem war ich selbst überfordert und geschockt.

Nach diesen ausgeschilderten Positionen der Parteien, bat mich Frau Müller die Mediation zu unterbrechen, um eine kleine Pause zu machen. Denn sie fühlte sich überfordert mit den neuen Erkenntnissen. Nach der Pause entschieden sich die Parteien die Sitzung nach zehn Tagen fortzusetzen. Es wurde die nächste Sitzung für 03.02. um 9.00 Uhr festgelegt.

> ➢ Phase 3
> Die dritte Sitzung am 03.02 um 9.00 – 12.00 Uhr
> Die Interessenklärung

In der dritten Sitzung habe ich am Anfang die Parteien mit ihrer Bereitschaft die Mediation fortzusetzen gelobt, und ich habe sie aufgefordert sich mit ihren Interessenklärungen zu vertiefen. Zuerst fragte ich die Frau Müller, ob sie mit der Offenheit des Mannes ihr gegenüber erleichtert wurde, und wie sie sich dabei gefühlt hat.

Die Frau Müller hat so geantwortet: *„Ich habe mich hilflos bei dieser neuen Erkenntnis gefühlt".*

(Ich habe ihnen erklärt, dass ich ihre Interessen und Bedürfnisse in Druckschrift auf die Tafel schreibe.)

Darüber hinaus habe ich diese folgende Frage Frau Müller gestellt: Wie fühlt es sich für Sie an hilflos zu sein?

Antwort von Frau Müller: *„Ich wusste nicht wie ich mich verhalten soll. Ich habe mich unwichtig gefühlt. Ich hatte Angst um unsere Ehe.*

Frau Müller sie haben gerade geäußert dass sie Angst um ihre Ehe haben. Können sie das genau erläuterten. *"Ja, ich will darüber aufgeklärt werden was mit dem Kind meines Gattens passieren soll, und wieweit es unser familiäres Zusammenleben beeinflussen wird. Ich will Verständnis dafür, dass ich Zeit brauchen werde um mit der neuen Situation umgehen zu können. Trotz allem brauche ich die Sicherheit, dass unsere Ehe bestehen bleibt und dass mein Ehemann unsere gemeinsamen Kinder nicht vernachlässigen wird. Ich brauche meine Zeit um ihm wieder Vertrauen zu können".*

Ich: Herr Müller was sagen Sie dazu? Können sie ihre Bedürfnisse und Gefühle schildern?

Her Müller sagt: *„Ich fühle mich Hilflos und vor allem alleingelassen. Außerdem habe ich Angst, dass meine Frau kein Verständnis für die neue Situation hat. Ich befürchte, dass der Familienfrieden gestört wird. Ich brauche Unterstützung von meiner Frau, um mein krankes Kind zu unterstützen. Ich benötige sicherlich Zeit um das Vertrauen meiner Frau zurück zu gewinnen".*

Nach diesen Schilderungen habe ich den Parteien die gemeinsamen Themen zusammengefasst.

- ✓ Erhaltung der Ehe.
- ✓ Verständnis für die neue Situation.
- ✓ Festlegung des Kindes innerhalb der familiären Beziehungen
- ✓ Umgang mit der neuen Situation.
- ✓ Vertrauen soll wieder hergestellt werden.

Nach dieser Zusammenfassung habe ich die Parteien gefragt, ob sie mit diesen grundlegenden Fragen (Themen) einverstanden sind. Nachdem sie positiv geantwortet haben, habe ich sie gebeten, um diese Sitzung zu unterbrechen, damit sie zu Hause mehr Zeit haben für einen neuen Umgang mit den neuen familiären Entwicklungen zu schaffen. Die Parteien waren einig das die nächste Sitzung am 10.02. um 18.00 – 20.00.stadfindet.

> Vierte Sitzung: Phase 4

Die vierte Sitzung am 10.02. um 18.00 – 20.00

Die kreative Ideensuche/Bildung von Optionen auf der Grundlage der Interessen

In dieser Sitzung habe ich mich an der kreativen Ideensuche konzentriert. Deshalb habe ich einigen wichtigsten Optionen auf der Grundlage ihrer Interessen gesammelt und dargestellt. Diese Optionen sollten auch den Weg eröffnen für die Lösungsmöglichkeiten.

Ich habe beide Parteien gefragt wie folgt: Was wäre denkbar, Frau Müller und Herr Müller, aus ihren ehelichen Erfahrungen heraus, die Partnerschaft neu zu motivieren? Darüber hinuas stellte auch die Frage an beiden Parteien: Frau Müller, stellen Sie sich vor, Sie hätten alle Macht und alles Geld der Welt. Wie sähe die Situation ihres Mannes gegenüber seinem unehelichen kranken Kind aus? Außerdem stellte ich die folgende hypothetische Frage: Stellen sie sich vor, Frau Müller, über Nacht ist ein Wunder geschehen und die Krankheit des Kindes ist weg. Was wäre für Sie, wenn ihr Mann und das geheilte Kind zu Ihnen vorbeikommen und sich bei Ihnen für Ihr Engagement sein Leben zu retten zu bedanken. Am Ende dieser Ideensuche stellte ich auch eine andere Frage: Wenn sich das Problem gelöst hat, woran würden sie es merken?

In der Familie Müller wurden diese visualisierten Brainstormings[12] ausgesehen:

Frau Müller will eine Entschuldigung von ihrem Mann für sein Verhalten.

- Der Herr Müller erklärt sich bereit, wieder mit seiner Frau vertrauensvoll zusammenleben zu wollen,
- Beide Parteien entscheiden sich, wie der zukünftige Umgang mit dem neuen Kind gestaltet werden soll,
- Beide Parteien vereinbaren eine gewisse Geldsumme für die Krankheit des Kindes zu spenden,

Nach dieser ausgedrückten Bereitschaft der Parteien eine Vereinbarung der Lösung des Konfliktes zu erreichen, habe ich ihnen vorgeschlagen diese Sitzung zu beenden, und den nächsten Termin bestimmt.

> ➤ Phase 5 und Phase 6
> Die fünfte Sitzung am.17.02. um 10.00 – 12.00

Die Bewertung und Auswahl der Optionen auf der Grundlage der Interessen als Schritt der Einigung auf eine Regelung oder Lösung; Abschluss einer Vereinbarung als Dokumentation des Ergebnisses – Die Umsetzung der Vereinbarung

Durch die niedergelegten Argumente und Einsichten der Parteien, habe ich mich die Lösungsmöglichkeiten auf der Grundlage ihrer Interessen ausgewählt. Darüber hinaus wollte ich für eine akzeptable Regelung bzw. der Lösung des Konflikts durch eine Interessenvermittlung einen Interessenausgleich zu vermitteln. Frau Müller und Herr Müller waren froh, jetzt nicht weiter an der Klärung der Bewertungskriterien arbeiten zu müssen.

In meinem Protokoll wurden die Ideen bzw. Optionen, die nach bisherigem Verlauf entwickelt wurden, vorgestellt. Nach meiner Vorstellung der Optionslösungen, wählten die Parteien aus den verbliebenen Lösungsoptionen diejenigen, die ihnen für eine mögliche Einigung geeignet erschienen. Es wurde nach dem Harvard- Konzept durch das integrative Verhandeln, in dem die neuen Ideen und Aspekte mit einbezogen sind. Nach einer Zusammenarbeit zwischen mir und den Parteien wurden diese Ideen, bzw. Aspekte, als Lösung präsentiert.

Für die Erhaltung der Ehe müssen alle Bedürfnisse befriedigt werden und auf die Gefühle beider Parteien Rücksicht genommen werden.

Sie einigen sich in Zukunft über alles zu reden, damit es nicht mehr zu einer unangenehmen Situation diesen Ausmaßes kommt.

---

[12] Brainstorming ist eine Form des sog. „Geistesblitzes", oder des „Gedankensturmes", welches der Mediator spielt die Rolle des Moderators, in dem er durch die „Sendung" der Kreativideen, bekommt er Signale, welche die Teilnehmer von sich geben.

Herr Müller entschuldigt sich bei seiner Frau, da er solange schwieg und die Wahrheit verbarg. Frau Müller nimmt die Entschuldigung an, und erläutert weitere Einzelheiten wie z.B. das Anheuern eines Privatdetektivs zur Klärung ihrer Situation.

Herr Müller versteht, dass seine Frau Zeit braucht, um das Kind als ein Teil vom Herrn Müller zu akzeptieren.

Frau Müller ist einverstanden, dass das Kind ihres Mannes sie immer besuchen kann. Sogar ein Zimmer würde sie für es einrichten lassen, da sie hofft, dass sie auch von dem Kind akzeptiert wird. Sie ist damit einverstanden, dass ihr Ehemann das Kind in jeder Hinsicht unterstützt.

Das Kind ist ein Familienmitglied, sowohl des Herrn Müllers, als auch seiner Gattin. Frau Müller ist bereit ihrem Ehemann und seinem Kind in jeder Weise zu helfen. Mit der Hoffnung, dass das Kind wieder gesund wird.


## 6.3. Abschluss der Vereinbarung

Diese Ideen und Aspekten der Konfliktlösung ließ ich als Abschluss einer Vereinbarung, als Dokumentation des Ergebnisses verzeichnen. Beide waren bei der Formulierung und dem Abschluss der Vereinbarung deutlich erleichtert und dankbar.

Mediationsvereinbarung wurde so erfasst:

Mediationsvereinbarung

Zwischen

Eva Müller,

Fritz Müller,

Nach Durchführung einer Mediation, an der Frau Müller und Herr Müller teilgenommen haben, vereinbaren sie Folgendes:

1.

Der derzeitige und zukünftige Umgang miteinander wird bestimmt von einer solidarischen Kommunikation. Sie einigen sich in Zukunft über alles zu reden. Damit es nicht mehr zu einer unangenehmen Situation diesen Ausmaßes kommt.

Frau Müller erteilt ihrem Mann ein uneingeschränktes Besuchsrecht seines unehelichen Sohnes, welches am Monatsende geprüft wird.

2.

Frau Müller und Herr Müller sind darüber einig, dass sie sich zusammen um das erkrankte Kind kümmern wollen. Frau Müller ist einverstanden, dass das Kind sie immer besuchen kann. Sogar ein Zimmer würde sie für es einrichten lassen, da sie hofft, dass sie auch von dem Kind akzeptiert wird. Sie ist damit einverstanden, dass ihr Ehemann das Kind in jeder Hinsicht unterstützt.

3.

Frau Müller und Herr Müller sind darüber einig, dass sie vom Moment der Unterzeichnung dieser Vereinbarung bis zur vollständigen Genesung des kranken Kindes an jedem zweiten Montag gegen 13 – 14 Uhr zu einem Treffen im Krankenhaus, in dem das Kind behandelt wird zusammenkommen.

4.

Frau Müller und Herr Müller sind darüber einig, dass vor Ablauf des vereinbarten ca. einem Jahr Schwierigkeiten oder Ereignisse eintreten, die diesem Vollzug dieser Vereinbarung entgegenstehen sollten, muss schnellstmöglich eine Mediation einberufen werden.

5.

Die Mediatorin Mejreme Qerimi / der Mediator Islam Qerimi hat auf die rechtlichen Bestimmungen dieser Vereinbarung Bezug genommen.

Bochum, 17.02.2012.

Eva Müller          Fritz Müller


## 7. Interventionen die die Mediation voranbrachten, sind:

- Die Bereitschaft der beiden Parteien ein normales Eheleben in Zukunft so wie vorher zu führen.
- Ihre gemeinsamen Kinder sollten nicht wegen ihrer Streitigkeiten weiter leiden.
- Ein schneller Vertrauensaufbau zwischen den Parteien, im Gegenzug zu einem Gerichtsverfahren, in dem sie als Kontrahänden stünden.
- Ein Verfahren ohne Verlierer.
- Ein kostengünstiges Verfahren.
-

## 8. Kommentierung des Mediationsergebnisses:

Nach Abschluss dieser Vereinbarung, kommt man zum Ergebnis, dass diese Parteien eine mitlebende Einigung erreicht haben. Die Parteien haben dadurch ein Verfahren der Konfliktlösung akzeptiert, welches am Ende eine Annäherung ihrer verschlechterten Beziehung erbrachte. Durch diese Konfliktlösungsart konnten die Parteien ihre Gefühle, Bedürfnisse und Interesse gegenüber einander einsetzen. Es ist eine wichtige Entscheidung der Einigung getroffen worden, vor allem wegen des Familienfriedens und des Wohlergehens der Kinder, wie auch die Ehelichen sowie auch das Uneheliche. Am Ende dieses streitigen Verfahrens kam es zur eine Entscheidung der sog. „win – win Lösung", im Gegenzug zu einem Gerichtsverfahren, in dem der Richter in der Regel durch Urteil entscheidet, in dem eine Partei obsiegt, und die andere Partei den Prozess verliert.

### 9. Zufriedenheit der MediandInnen bei Abschluss der Mediation bezogen auf ihren Konflikt:

Die MediandInnen bei Abschluss der Mediation bezogen auf ihren Konflikt haben sie sich zufrieden gefühlt, weil die gemeinsame Themen zusammengefasst wurden und deren Lösung.

### 10. Persönliches Resümee:

Mit dem Verlauf des Mediationsverfahren war ich zufrieden, denn durch meine juristischen Erfahrungen weiß ich, dass in den meisten Fällen es nicht möglich ist die Gefühls-Ebene der Parteien zufrieden zu stellen. Es wird sogar die Beziehung zwischen den Parteien verschlechtert. Aber durch die Mediation wird erreicht, dass die Parteien über ihre Gefühle und Bedürfnisse offen sprechen und eine Lösung, die die beiden Parteien sich wünschen erreicht. Was man auch aus diesem Fall erschließen kann. Mit Hilfe der Mediation wird der Konflikt nachhaltig bereinigt, und die Beziehung zwischen den beiden Parteien wird verbessert.

### 11. Die Deutlichkeit aus der Mediation:

Während dieses Verfahrens ist mir deutlich geworden, dass der Ablauf der sechs Phasen eine gute Struktur für die Durchführung der Mediation bietet.

### 12. Selbsterfahrung:

Meine Fähigkeiten haben mich dazu ermächtigt mich mit diesem fall vertraut zu machen und ihn so zu leiten, dass er ein Erfolg wird, jedoch habe ich bemerkt, dass es mir immer noch schwer fällt, nicht die Parteien von meinen eigenen Lösungen überzeugen zu wollen. Daher war es für mich ein großer Erfolg, dass ich mich zurückhalten konnte, um die Parteien eine Lösung für den Konflikt selbst entwickeln zu lassen.

## Literaturverzeichnis:

Gerhard, Altmann / Heinrich Fiebiger / Rolf Müller: Mediation: Konfliktmanagement für moderne Unternehmen, 3. Aufl., Weinheim und Basel, 1999

Hösl: Gerhard G.: Mediation. Die erfolgreiche Konfliktlösung – Grundlagen und praktische Anwendung, München 2002

Redlich, Alexander: Konfliktmoderation – Handlungsstrategien für alle, die mit Gruppen arbeiten. Mit vier Fallbeispielen. 6. Aufl., Hamburg 2004;

Trenczek, Thomas.: Leitfaden zur Konfliktmediation; ZKM 2005

### Gesetzsammlungen:

Amtsblatt Nr. L 136 vom 24/05/2008 S. 0003 – 0008- Richtlinie 2008/52/EG des Europäischen Parlaments und des Rates. vom 21. Mai 2008

Gesetz über das Verfahren in Familiensachen und in den Angelegenheiten der freiwilligen Gerichtsbarkeit: BGBl. I S. 2586, 2587 ff.) Inkrafttreten: 1 September 2009. Letzte Änderung durch Art. 2 Abs. 32 G vom 22. Dezember 2011 (BGBl. I S. 3044, 3048). Inkrafttreten der letzten Änderung 1. April 2012 (Art. 6 Abs. 1 G vom 22. Dezember 2011)

European code of conduct on mediation 2 July 2004 in Brussels. Deutsche Version, abgedruckt in ZKM 4/2004, S.48; Mediationsreport 8/2004

Mediationsgesetz inkl. der Änderungen des Rechtsausschusses vom 30.11.2011, geändert am 15.12.2011

### Link:

URL: http://www.steinberg-mediation-hannover.de/Mediation _ Arbeitshilfen /BAFM praxisfuehrer_ Familienmedition.pdf